Collection de Mademoiselle ***

PREMIÈRE VENTE

JOYAUX

Meuble de Salon en tapisserie

TAPISSERIES

PARIS — 1905

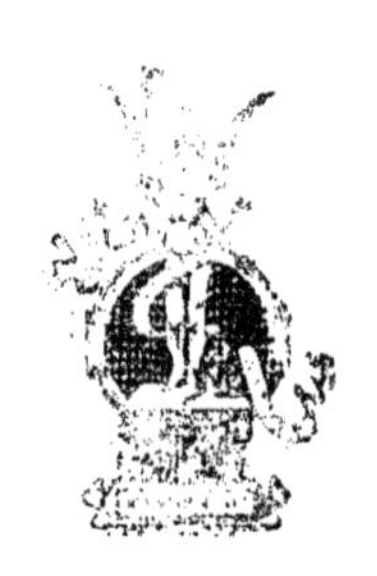

CATALOGUE

DES

JOYAUX

PERLES, DIAMANTS ET PIERRES DE COULEUR

BOUCLES D'OREILLES, BROCHES, BAGUES, BRACELETS

RIVIÈRES, COLLIERS ET SAUTOIRS

Meuble de Salon couvert en ancienne tapisserie de Beauvais

TAPISSERIES DES GOBELINS ET DES FLANDRES

Appartenant à Mademoiselle ***

ET DONT LA VENTE AURA LIEU, A PARIS

GALERIE GEORGES PETIT, 8, RUE DE SÈZE

LES MARDI 6 ET MERCREDI 7 JUIN 1905

à deux heures

COMMISSAIRE-PRISEUR

Me PAUL CHEVALLIER, 10, rue Grange-Batelière

EXPERTS

MM. MANNHEIM	M. G. FALKENBERG
7, rue Saint-Georges	6, rue Lafayette

EXPOSITIONS

PARTICULIÈRE : *Le Dimanche 4 Juin 1905,* } DE 1 HEURE 1/2

PUBLIQUE : *Le Lundi 5 Juin 1905,* } A 5 HEURES 1/2

CONDITIONS DE LA VENTE

Elle sera faite au comptant.

Les acquéreurs paieront *dix pour cent* en sus des enchères.

L'exposition mettant le public à même de se rendre compte de l'état et de la nature des objets, il ne sera admis aucune réclamation une fois l'adjudication prononcée.

Paris. — Imp. de l'Art. E. Moreau et Cie, 41, rue de la Victoire.

ORDRE DES VACATIONS

Le Mardi 6 Juin 1905

Le Mercredi 7 Juin 1905

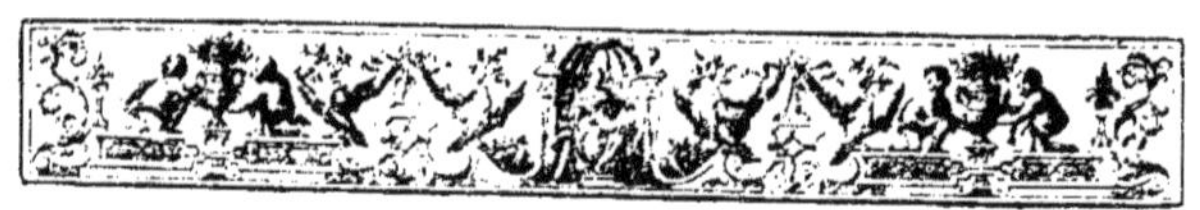

DÉSIGNATION

PERLES

1 — BAGUE croisée, perle blanche et brillant.

2 — TROIS BOUTONS de chemisette, formés chacun d'une perle fine.

3 — BRACELET-CHAINETTE, composé de trois perles blanches, quatre saphirs-cabochons et trois [illegible], platine et brillants.

4 — BRACELET-CHAINETTE en or, enrichi de onze perles fines rondes et poires, dont une noire.

5 — BRACELET-CHAINETTE, enrichi de six grosses perles blanches et de douze [illegible], brillants et platine.

6 — BRACELET, formé d'une grosse perle grise, d'une perle blanche et motifs pavés de petits brillants.

7 — PAIRE de boucles d'oreilles, formées chacune d'une grosse perle blanche, surmontée d'un petit brillant.

8 — PAIRE de boucles d'oreilles, formées chacune d'une grosse perle noire, surmontée d'un petit brillant.

9 — Broche, formée d'une grosse perle blanche, entourée de quatre brillants en croix.

10 — Broche-barrette, formée d'une perle blanche et de deux brillants, avec pendeloque-perle.

11 — Broche, formée d'un grosse perle blanche au milieu d'un entrelacs pavé de brillants, avec pendeloque, perle blanche.

12 — Broche, formée d'une couronne de gros brillants, fermée par un nœud pavé de petits brillants, auquel est suspendue une grosse perle mordorée.

13 — Collier de cinquante-trois perles fines; fermoir, petit brillant.

14 — Collier de cinquante-cinq perles fines; fermoir, anneau-ressort serti de roses.

15 — Sautoir de cent cinquante et une perles fines, séparées par de petites perles; fermoir, gros brillant.

16 — Grand sautoir, composé de cinq cent quatre-vingt-dix perles fines, avec entre-deux de petites perles.

17 — Collier de trois rangs de perles fines, réunies par un fermoir carré pavé de neuf gros brillants, avec entre-deux de petits brillants : le premier rang comprend cinquante-cinq perles fines; le deuxième rang comprend soixante-deux perles fines; le troisième rang comprend soixante-huit perles fines.

18 — Collier de chien de onze rangs, comprenant neuf cent trente et une perles fines, avec cinq barrettes pavées chacune de neuf brillants.

DIAMANTS

ET PIERRES DE COULEUR

19 — Fermoir de collier, composé d'un gros saphir cabochon, entouré d'un double rang de brillants.

20 — Broche-cœur, pavée de petits brillants, offrant au centre un trèfle, composé de deux brillants et d'un rubis.

21 — Médaillon, forme cœur, pavé de brillants.

22 — Deux branches d'éventails ajourées, enrichies de brillants anciens.

23 — Bague ouverte, saphir et brillant.

24 — Bague ouverte : deux brillants.

25 — Bague fil, brillant solitaire.

26 — Bague croisée, rubis et brillant.

27 — Flacon à sels, or martelé, saphir cabochon et brillants.

28 — Flacon à sels, cristal et or, avec tête de chien.

29 — Bonbonnière en cristal, à couvercle d'or ciselé, gravé d'étoiles en roses.

30 — Manche d'ombrelle en or, enrichi de diamants et de rubis cabochons.

31 — Boucle haute, or et huit brillants.

32 — Boucle rectangulaire, pavée de saphirs et de roses.

33 — Montre avec sa broche, or et brillants.

34 — Montre, or, pavée de brillants, avec chiffre rubis.

35 — Trois boutons de corsage ajourés, pavés de brillants.

36 — Bague-fil, ornée d'un brillant.

37 — Bague-rivière, formée d'un gros rubis et de deux brillants.

38 — Bague-fil, montée d'un gros rubis.

39 — Bracelet dur, or ciselé, avec applique, ornée d'un gros saphir-cabochon et de brillants.

40 — Broche, formée d'un gros saphir, entouré d'un rang de petits diamants et d'un second rang de douze gros brillants.

41 — Broche ovale, formée d'un saphir, entouré de brillants.

42 — Broche fer à cheval, pavée de treize saphirs et de petits brillants.

43 — Bague-saphir, entourée de brillants.

44 — Chaine-sautoir, or et platine, composée de deux cent soixante brillants.

45 — Rivière, composée de quarante-quatre pierres et de sept pendeloques en brillants anciens; entre-deux en petits brillants.

46 — Rivière de trente-cinq chatons, montés de brillants.

47 — Petit diadème, pavé de brillants et enrichi de pampilles-brillants. Le centre est formé d'une très grosse rose, à double face, entourée de brillants.

48 — Barrette, formée de quatre gros brillants.

49 — Grande broche-nœud, pavée de brillants, avec chaînes et motifs, enrichis de brillants.

50 — Paire de boucles d'oreilles, formées chacune d'un gros brillant.

51 — Paire de boucles d'oreilles, formées chacune d'un brillant.

52 — Broche-entrelacs, pavée de brillants.

53 — Bracelet-gourmette, enrichi de trois brillants et de trois saphirs.

54 — Broche, formée d'un gros saphir entouré d'un double rang de brillants, d'une pendeloque composée d'un gros saphir, avec petits motifs brillants, et de deux autres pendeloques tout brillants.

55 — Paire de boucles d'oreilles : saphir, entouré de brillants.

56 — Bracelet, composé de trois saphirs, entourés de brillants, et d'anneaux, avec fleurettes montées de brillants.

MEUBLES COUVERTS EN TAPISSERIE

TAPISSERIES

57 — Deux fauteuils en bois doré, à rocailles, couverts en tapisserie du temps de Louis XV, à médaillons d'animaux se détachant sur fond blanc, chargé de fleurs.

58 — Meuble de salon en bois sculpté et doré, couvert en tapisserie de Beauvais du temps de Louis XV : sur les dossiers, des amours se livrant à diverses occupations dans des paysages encadrés de rocailles et de guirlandes de fleurs ; sur les sièges, des sujets tirés des fables de La Fontaine, avec bordures rouges à fleurs. Il se compose d'un canapé et de quatre fauteuils.

Largeur du canapé, 1 m. 50 cent.
Largeur des fauteuils, 75 cent.

59 — Tapisserie de la tenture des portières des Dieux, d'après Claude Audran, présentant sur fond jaune la déesse Junon, assise sur des nuées et entourée de paons, de guirlandes de fleurs, vases, instruments de musique, amours, etc. Bordure à quadrillés sur fond bleu. Manufacture des Gobelins. Fin de l'époque Louis XIV.

Haut., 3 m. 15 cent., larg., 2 m. 75 cent.

60 — Deux tapisseries rectangulaires, de Bruxelles, du XVIIe siècle, atelier de M. de Vos : Scène de sacrifice à Diane et souverain sur un trône. Bordures jaunes et marrons, à fleurs.

Haut., 3 m. 55 cent. Larg., 4 m. 20 cent.
Haut., 3 m. 25 cent. Larg., 3 m. 35 cent.

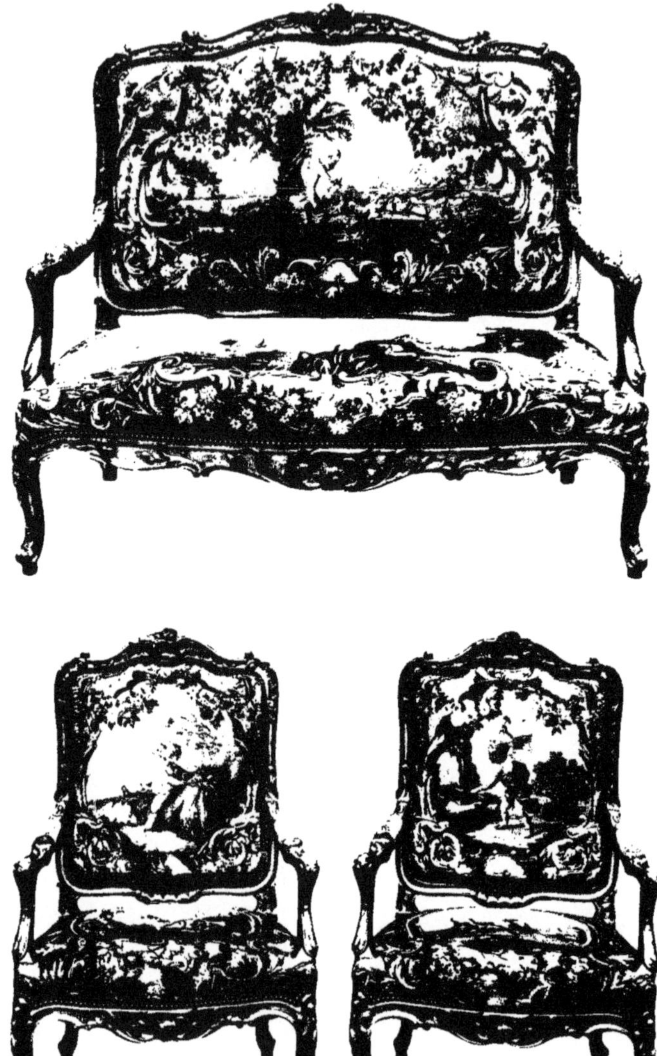

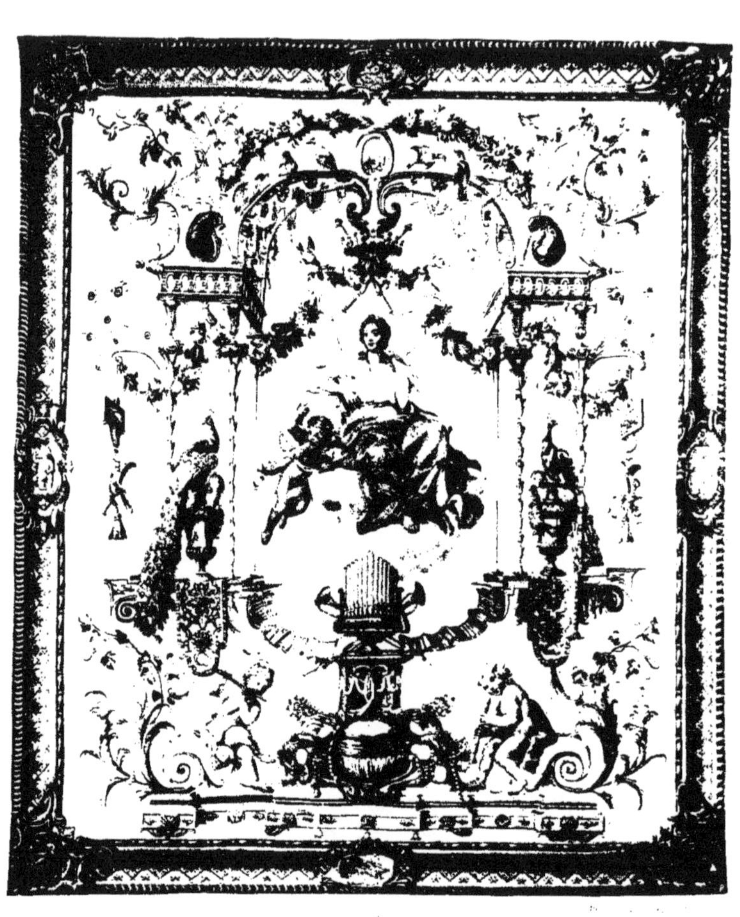

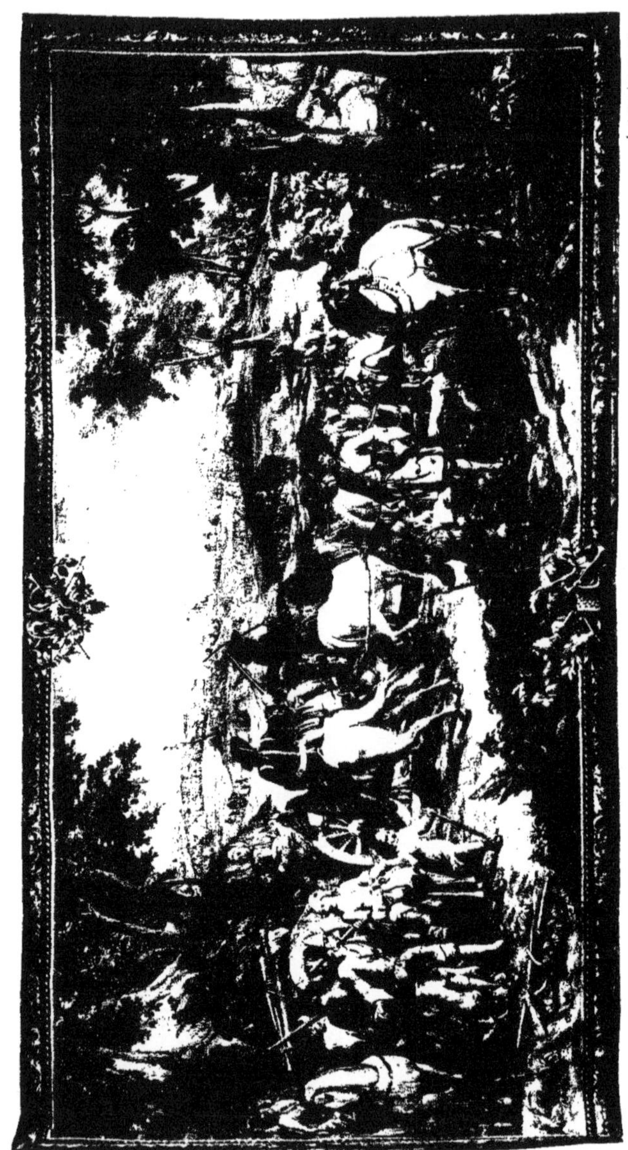

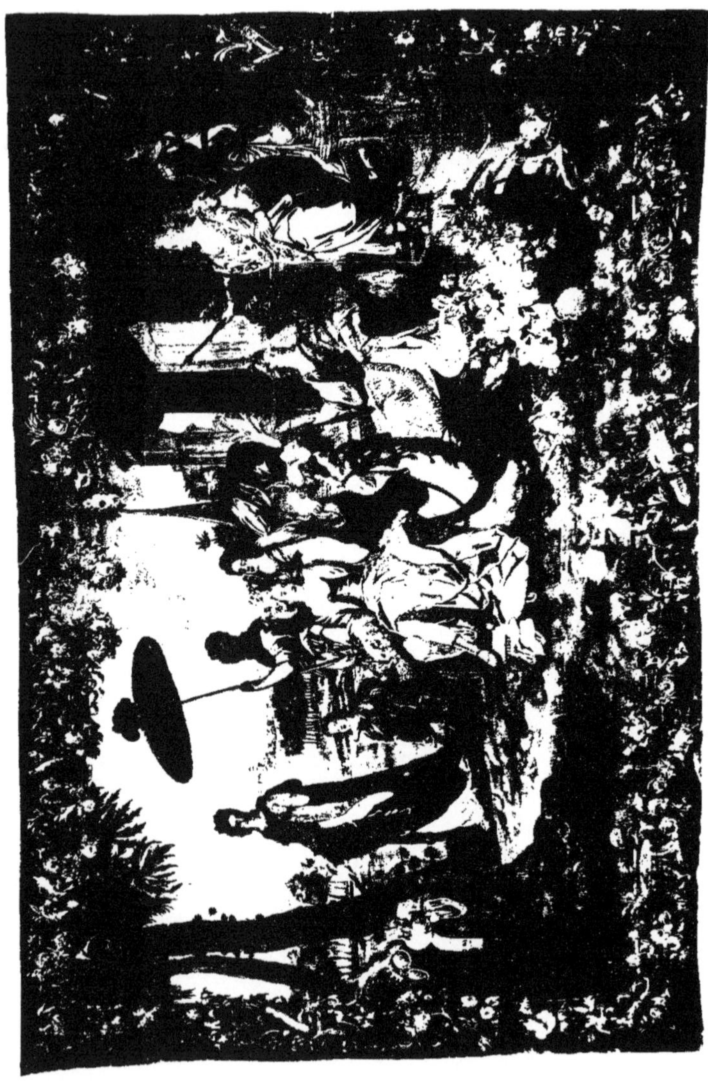

61 — Deux tapisseries rectangulaires du temps de Louis XV, offrant les armes de France, supportées par deux anges et se détachant sur fond bleu fleurdelisé; bordures d'attributs, avec le chiffre du roi aux angles.

Haut., [illegible] m. [illegible] cent.; larg., [illegible] m. [illegible] cent.
Haut., 2 m. [illegible] cent.; larg., [illegible] m. [illegible] cent.

62 — Deux tapisseries rectangulaires du temps de Louis XV : armoiries, sur fond bleu fleurdelisé; bordures d'attributs, avec masque du soleil et chiffre du roi.

Haut., 2 m. 65 cent.; larg., [illegible] m. [illegible] cent.
Larg., [illegible] m. 45 cent.

63 — Fragment de tapisserie du temps de Louis XV, au chiffre du roi.

64 — Deux grandes tapisseries rectangulaires flamandes du XVIIIe siècle, présentant, l'une, un convoi d'artillerie en marche dans la campagne; l'autre, l'envahissement d'un village par une troupe de soldats; bordures bleues, à rocailles et trophées.

Haut., [illegible] m. 85 cent.; larg., [illegible] m. [illegible] cent.
Haut., [illegible] m. [illegible] cent.; larg., 5 m. 55 cent.

65 — Quatre tapisseries rectangulaires flamandes du XVIIIe siècle, à décor de paysans se livrant à diverses occupations dans la campagne; bordures verdâtres à rinceaux.

Haut., 3 mètres; larg., 2 m. [illegible] cent.
Haut., 2 m. 95 cent.; larg., 2 m. 75 cent.
Haut., 2 m. 90 cent.; larg., [illegible] m. [illegible] cent.
Haut., 2 m. 85 cent.; larg., [illegible] m. 75 cent.

66 — Tapisserie rectangulaire de Bruxelles, fin du XVIIe siècle, atelier de J. de Vos : Allégorie des parties du Monde, figurées par des femmes richement vêtues, auprès d'un palais; fond de paysage; d'après L. van Schoor; bordures d'attributs, fleurs et oiseaux.

Haut., [illegible] m. [illegible] cent.; larg., 5 m. [illegible] cent.

39.000 à Van den Broecke

67 — Cinq tapisseries rectangulaires d'Aubusson, du xviiie siècle, à sujets de marines; compositions de nombreux personnages, avec la date *1776* sur un baril; bordures simulant un cadre enguirlandé de fleurs.

Haut., 2 m. 85 cent.; larg., 3 m. 30 cent.
Haut., 2 m. 85 cent.; larg., 2 m. 60 cent.
Haut., 2 m. 85 cent.; larg., 2 m. 15 cent.
Haut., 2 m. 90 cent.; larg., 1 m. 65 cent.
Haut., 2 m. 80 cent.; larg., 1 m. 90 cent.

5.500

68 — Quatre fragments de tapisseries du temps de Louis XV, à personnages, tour, feuillages, ruines; bordures incomplètes, à fleurs et feuillages.

3.900

69 — Trois bandes et montants variés en tapisserie flamande du xviiie siècle, à fruits, fleurs, amours, etc.

Produit 1.026.789 francs

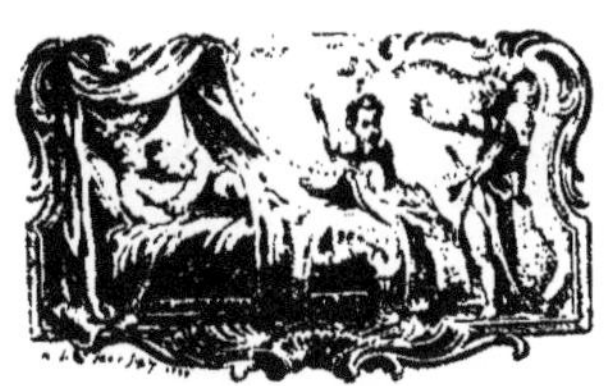

www.ingramcontent.com/pod-product-compliance
Ingram Content Group UK Ltd.
Pitfield, Milton Keynes, MK11 3LW, UK
UKHW020513180726
13839UKWH00005B/2064